Dr. Oetker

Eis

Parfait

Sorbet

Dr. Oetker

Eis
Parfait
Sorbet

Dr. Oetker Verlag

MONIN

Vorwort

Eis, Sorbet, Parfait – nicht nur für Kinder ein großes Vergnügen.

Wer mag sie nicht, die kühl schmelzenden sahnigen oder fruchtigen Leckereien. Hier finden Sie die Cremigen und die Fruchtigen, die eiskalten Getränke und die Parfaits, die Eistorten und das Eiskonfekt, das nicht nur im Kino schmeckt.

Kommen Sie mit in unsere Eisdiele, in der es neben Grundrezepten zum beliebigen Abwandeln auch Rezepte für diejenigen gibt, die keine Laktose vertragen oder die es kalorienmäßig nicht ganz dick auftragen wollen.

Die Rezepte wurden ausprobiert und sind so beschrieben, dass Sie der Anweisung Schritt für Schritt folgen können.

Hier findet jeder sein eiskaltes Vergnügen! Und das nicht nur im Sommer.

Grundrezept

Crème-fraîche-Eis

20 g Traubenzucker | 4 Messlöffel pflanzliches Bindemittel (4 g, z. B. Bindobin, erhältlich im Bio-Laden oder Reformhaus) | 400 g Crème fraîche | 70 g flüssiger Honig (z. B. Blüten- oder Akazienhonig) | 250 g Schlagsahne

Schnell | 4–6 Portionen

Zubereitungszeit: 15 Minuten, ohne Ruhe- und Abkühlzeit
Gefrierzeit: etwa 4 Stunden | **Gefrierzeit:** Eismaschine etwa 40 Minuten
Pro Portion: E: 3 g, F: 40 g, Kh: 19 g, kJ: 1873, kcal: 451, BE: 1,5

1. Traubenzucker und pflanzliches Bindemittel verrühren. Crème fraîche und Honig nach und nach unterrühren. Die Crème-fraîche-Masse zugedeckt etwa 15 Minuten stehen lassen.

2. Sahne steif schlagen und unter die Crème-fraîche-Masse heben, in eine gefrierfeste, flache Form füllen und zugedeckt in den Gefrierschrank stellen. Die Crème-fraîche-Masse etwa 4 Stunden gefrieren lassen. Dabei die Masse alle 30 Minuten umrühren. Oder die Crème-fraîche-Masse in einer vorbereiteten Eismaschine etwa 40 Minuten gefrieren lassen.

Tipps: Das Eis zu lauwarmem Apfelkuchen oder Brownies servieren. Statt Bindobin können Sie auch Johannisbrotkernmehl verwenden.

Variante: **Crème-fraîche-Eis mit Toffee** (4–6 Portionen)

Dafür 1 Grundrezept Crème-fraîche-Eis wie beschrieben zubereiten. 150 g Sahne-Toffees fein hacken. Die Hälfte davon mit 1 Esslöffel Schlagsahne und 30 g Butter in einem Topf bei schwacher Hitze zu einer glatten Masse verrühren. Den Topf von der Kochstelle nehmen. Die Toffee-Butter-Masse abkühlen lassen. Restliche gehackte Sahne-Toffees unterrühren. Die Masse marmorartig unter das Crème-fraîche-Eis rühren. Das Eis nochmals kurz gefrieren lassen.

Grundrezept Sahne-Eis

200 ml Milch | 50 g Zucker | 1 Prise Salz | 3 Eigelb (Größe M) | 20 g Traubenzucker | 2 Messlöffel pflanzliches Bindemittel (2 g, z. B. Bindobin, erhältlich im Bio-Laden oder Reformhaus) | 400 g Schlagsahne

Klassisch | 4–6 Portionen

Zubereitungszeit: 20 Minuten, ohne Abkühlzeit
Gefrierzeit: etwa 4 Stunden | **Gefrierzeit:** Eismaschine etwa 35 Minuten
Pro Portion: E: 5 g, F: 31 g, Kh: 19 g, kJ: 1547, kcal: 370, BE: 1,5

1. Milch mit Zucker, Salz und Eigelb in einem Topf verrühren, bei mittlerer Hitze zu einer dicken Creme aufschlagen. Die Masse darf nicht kochen, da die Eigelb-Milch-Masse sonst gerinnt.

2. Den Topf von der Kochstelle nehmen und sofort in ein kaltes Wasserbad stellen. Die Masse unter ständigem Schlagen abkühlen lassen.

3. Traubenzucker und Bindemittel in einer Rührschüssel mischen. Sahne hinzugeben und mit Handrührgerät mit Rührbesen steif schlagen. Die Sahne unter die Eigelb-Milch-Masse heben. Die Eismasse in eine gefrierfeste Form füllen, zudecken und in den Gefrierschrank stellen. Die Eismasse etwa 4 Stunden gefrieren lassen. Dabei die Masse alle 30 Minuten umrühren.

4. Das Eis portionieren und in Schälchen anrichten.

Tipps: Das Eis schmeckt gut zu Muffins, Brownies oder mit geschmolzener Schokolade. Sie können die Eismasse auch in einer vorbereiteten Eismaschine in etwa 35 Minuten zu einem cremigen Eis gefrieren lassen. Statt Bindobin können Sie auch Johannisbrotkernmehl verwenden.

Variante: Nougat-Sahne-Eis mit Macadamianusskernen
(4–6 Portionen)

Dafür 100 g schnittfeste Nuss-Nougat-Masse in kleine Stücke teilen, mit 4 Esslöffeln Schlagsahne in einer kleinen Edelstahlschüssel im heißen Wasserbad bei schwacher Hitze unter Rühren schmelzen. 100 g geröstete, gesalzene Macadamianusskerne klein hacken. 1 Grundrezept Sahne-Eis wie beschrieben zubereiten. Kurz bevor das Sahne-Eis fest ist, die Macadamianusskerne unterrühren. Dann die abgekühlte Nougat-Masse unterheben, sodass das Eis marmoriert ist. Die Form wieder in den Gefrierschrank stellen. Das Eis mindestens noch 1 Stunde gefrieren lassen. Das Eis mit einem Kugelausstecher zu Kugeln formen und z. B. in Waffeltüten oder mit Schokowaffeln anrichten.

Tipp: Macadamianusskerne können durch geröstete, gesalzene Cashewkerne oder Erdnusskerne ersetzt werden.

Hinweis: Nur ganz frische Eigelb verwenden, die nicht älter als 5 Tage sind (Legedatum beachten).

Variante: Matcha-Eis
(Eis mit Grüntee, 4–6 Portionen)

Dafür 2 ½ gestrichene Teelöffel Matcha-Tee (Teepulver aus grünem Tee, erhältlich in Tee- oder Asialäden) mit 200 ml Milch, 50 g Zucker, 1 Prise Salz und 3 Eigelb (Größe M) in einem Topf verrühren, bei mittlerer Hitze zu einer dicken Creme aufschlagen. Die Masse darf nicht kochen, da die Eigelb-Milch-Masse sonst gerinnt. Die Eiscreme weiter wie unter Punkt 2, 3 und 4 beschrieben mit 20 g Traubenzucker, 2 Messlöffeln pflanzliches Bindemittel (2 g, z. B. Bindobin) und 400 g Schlagsahne zubereiten und gefrieren lassen.

Schokoladen-Eis

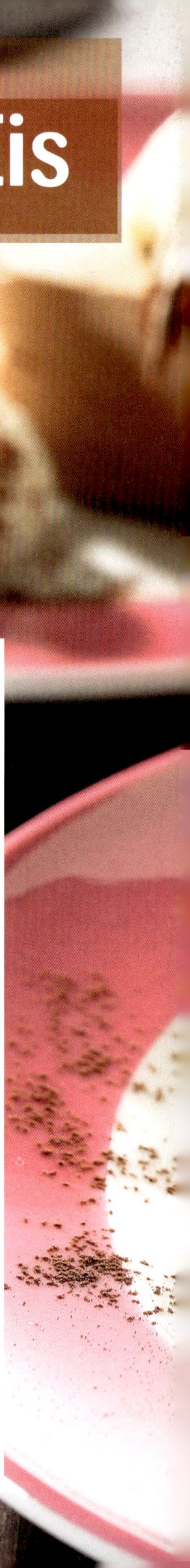

100 g Edelbitter-Schokolade (mindestens 70 % Kakaoanteil) | 3 Eigelb (Größe M) | 100 g Zucker | 1 Pck. Bourbon-Vanille-Zucker | 250 ml (¼ l) Milch | 350 g Schlagsahne

Klassisch – für Kinder | Etwa 8 Portionen

Zubereitungszeit: 30 Minuten, ohne Abkühlzeit
Gefrierzeit: etwa 4 Stunden | **Gefrierzeit:** Eismaschine etwa 40 Minuten
Pro Portion: E: 4 g, F: 23 g, Kh: 21 g, kJ: 1276, kcal: 305, BE: 2,0

1. Schokolade in kleine Stücke schneiden. Eigelb mit Zucker und Vanille-Zucker mit Handrührgerät mit Rührbesen in etwa 5 Minuten schaumig aufschlagen.

2. Milch in einem Topf zum Kochen bringen. Den Topf von der Kochstelle nehmen. Den Eierschaum nach und nach in die Milch rühren.

3. Den Topf zurück auf die Kochstelle stellen. Die Masse mit einem Schneebesen unter ständigem Rühren bei mittlerer Hitze zu einer dicklich cremigen Masse aufschlagen. Die Masse darf dabei nicht kochen.

4. Schokoladenstücke unter die heiße Masse rühren (1). So lange rühren, bis die Schokolade vollständig gelöst ist (2).

5. Den Topf in ein kaltes Wasserbad stellen. Die Schokoladenmasse unter Rühren erkalten lassen. Sahne steif schlagen und unterrühren.

6. Die Eismasse in kleine, gefrierfeste Formen, z. B. Silikon-Herz-Formen füllen (3) und zugedeckt in den Gefrierschrank stellen. Die Eismasse etwa 4 Stunden gefrieren lassen.

7. Vor dem Servieren die Formen kurz in heißes Wasser halten. Das Schokoladeneis auf Teller stürzen.

Tipp: Eis mit Sahne, Schokoröllchen, Kumquatscheiben und Amarettini garnieren. Mit Kakaopulver bestäuben. Sie können die Eismasse auch in einer vorbereiteten Eismaschine in etwa 40 Minuten gefrieren lassen.

(1)

(2)

(3)

Vanille-Eis

Klassisch | 4–6 Portionen

Zubereitungszeit: 20 Minuten

Gefrierzeit: 4–5 Stunden | **Gefrierzeit:** Eismaschine etwa 40 Minuten

Pro Portion: E: 5 g, F: 37 g, Kh: 25 g, kJ: 1884, kcal: 450, BE: 2,0

4 Eigelb (Größe M) | 500 g Schlagsahne | 100 g Zucker | 1 Pck. Bourbon-Vanille-Zucker | 1 EL Zitronensaft

1. Eigelb mit 3 Esslöffeln von der Sahne, Zucker, Vanille-Zucker und Zitronensaft in einer Edelstahlschüssel verschlagen und im heißen Wasserbad (85–90 °C) mit einem Schneebesen zu einer dicklich-cremigen Masse aufschlagen.

2. Die Schüssel aus dem Wasserbad nehmen und in ein kaltes Wasserbad stellen. Die Eigelbmasse unter Rühren erkalten lassen.

3. Restliche Sahne steif schlagen und unter die Eigelbmasse heben. Die Masse in eine gefrierfeste Form füllen, zugedeckt in den Gefrierschrank stellen und 4–5 Stunden gefrieren lassen. Oder die Eigelb-Sahne-Masse in einer vorbereiteten Eismaschine etwa 40 Minuten gefrieren lassen.

Hinweis: Nur ganz frische Eigelb verwenden, die nicht älter als 5 Tage sind (Legedatum beachten).

Grundrezept

Buttermilch-Eis

50 g Traubenzucker | 4 Messlöffel pflanzliches Bindemittel (4 g, z. B. Bindobin, erhältlich im Bio-Laden oder Reformhaus) | 50 g brauner Rohrzucker | 400 ml Buttermilch | 250 g Crème fraîche

Klassisch | 4–6 Portionen

Zubereitungszeit: 10 Minuten, ohne Kühlzeit
Gefrierzeit: etwa 4 Stunden | **Gefrierzeit:** Eismaschine etwa 40 Minuten
Pro Portion: E: 4 g, F: 16 g, Kh: 25 g, kJ: 1067, kcal: 258, BE: 2,0

1. Traubenzucker mit Bindemittel und Rohrzucker in einer Rührschüssel verrühren. Buttermilch nach und nach unterrühren. Crème fraîche ebenfalls unterrühren. Die Masse etwa 15 Minuten kalt stellen.

2. Die Buttermilch-Crème-fraîche-Masse in eine vorbereitete Eismaschine füllen und in etwa 40 Minuten zu einem cremigen Eis gefrieren lassen.

3. Das Buttermilch-Eis zugedeckt in den Gefrierschrank stellen und etwa 30 Minuten vor dem Verzehr im Kühlschrank antauen lassen.

Tipps: Das Eis schmeckt gut z. B. zu Roter Grütze, Obstsalat oder frischem Apfelstrudel. Sie können die Buttermilch-Crème-fraîche-Masse auch in eine flache, gefrierfeste Form füllen und zugedeckt im Gefrierschrank etwa 4 Stunden gefrieren lassen. Dabei die Masse alle 30 Minuten umrühren. Statt Bindobin können Sie auch Johannisbrotkernmehl verwenden.

Variante: Buttermilch-Eis mit Physalis (etwa 6 Portionen)

100 g Physalis (Kapstachelbeeren) aus den Hüllen lösen, abspülen und abtropfen lassen. Physalis halbieren und in Stücke hacken. 100 g Aprikosenkonfitüre kurz aufkochen lassen. Gehackte Physalis und 1 Esslöffel Traubenzucker unterrühren, abkühlen lassen. 1 Grundrezept Buttermilch-Eis wie beschrieben zubereiten. Kurz bevor das Eis fest ist, die abgekühlte Aprikosen-Physalis-Masse hinzugeben und mit Handrührgerät mit Knethaken oder mit einem Löffel unterheben. Die Eismasse in 6 gefrierfeste Puddingförmchen (je 125 ml Inhalt) füllen. Die Förmchen mehrmals vorsichtig auf die Arbeitsplatte stoßen, sodass Luftblasen entweichen können. Die Förmchen zugedeckt in den Gefrierschrank stellen. Die Eismasse etwa 3 Stunden gefrieren lassen. Die Förmchen vor dem Servieren kurz in heißes Wasser tauchen. Das Eis aus den Förmchen auf Teller stürzen. Nach Belieben mit Physalis garnieren.

Grundrezept
Joghurt-Eis

40 g Traubenzucker | 4 Messlöffel pflanzliches Bindemittel (4 g, z. B. Bindobin, erhältlich im Bio-Laden oder Reformhaus) | 30 g Magermilchpulver (erhältlich im Bio-Laden oder Reformhaus) | 400 g Joghurt (3,5 % Fett) | 200 g Sahnejoghurt (10 % Fett) | 40 g flüssiger Honig, z. B. Blütenhonig | 150 g Schlagsahne

Klassisch | 4–6 Portionen

Zubereitungszeit: 15 Minuten, ohne Ruhezeit
Gefrierzeit: etwa 4 Stunden | **Gefrierzeit:** Eismaschine etwa 35 Minuten
Pro Portion: E: 7 g, F: 17 g, Kh: 23 g, kJ: 1136, kcal: 272, BE: 2,0

1. Traubenzucker mit Bindemittel und Magermilchpulver verrühren. Joghurt und Honig nach und nach unterrühren. Die Masse zugedeckt etwa 15 Minuten stehen lassen.

2. Die Sahne steif schlagen und unter die Joghurtmasse heben. Die Masse in eine flache, gefrierfeste Form füllen und zugedeckt in den Gefrierschrank stellen. Die Joghurtmasse etwa 4 Stunden gefrieren lassen. Dabei die Masse alle 30 Minuten umrühren. Oder die Joghurt-Sahne-Masse in einer vorbereiteten Eismaschine in etwa 35 Minuten gefrieren lassen.

Tipps: Für eine schnelle Fruchtsauce fertig gekauften Fruchtaufstrich (z. B. Himbeer, ohne Kerne) mit etwas Orangensaft oder Apfelsaft verrühren und zum Eis servieren. Statt Bindobin können Sie auch Johannisbrotkernmehl verwenden.

Variante: Joghurt-Eis mit Erdbeer-Joghurt-Schokolade (4–6 Portionen)

Ein Grundrezept Joghurt-Eis wie beschrieben zubereiten. 100 g Vollmilch-Schokolade mit Joghurt-Erdbeer-Füllung fein hacken und unter das Joghurt-Eis rühren. Das Eis in eine gefrierfeste Form füllen und zugedeckt nochmals etwa 15 Minuten gefrieren lassen.

Thymian-Eis

2 EL frische Thymianspitzen (nach Möglichkeit frisch getriebene Spitzen) | 8 Eigelb (Größe M) | 500 ml (½ l) Milch | 500 g Schlagsahne | 6 EL flüssiger Tannenhonig

Raffiniert | Etwa 8 Portionen

Zubereitungszeit: 25 Minuten
Gefrierzeit: etwa 4 Stunden | **Gefrierzeit:** Eismaschine etwa 45 Minuten
Pro Portion: E: 7 g, F: 28 g, Kh: 16 g, kJ: 1459, kcal: 348, BE: 1,5

1. Thymian abspülen und trocken tupfen. Eigelb mit Milch, Sahne, Honig und Thymian in eine Schüssel geben, im heißen Wasserbad etwa 5 Minuten dick-schaumig aufschlagen.

2. Die Schüssel in ein kaltes Wasserbad stellen. Die Eigelbmasse unter Rühren abkühlen lassen, in eine vorbereitete Eismaschine geben und in etwa 45 Minuten gefrieren lassen. Oder die Eigelbmasse in eine flache, gefrierfeste Form füllen und zugedeckt in den Gefrierschrank stellen. Die Eigelbmasse etwa 4 Stunden gefrieren lassen. Dabei alle 15 Minuten umrühren, bis die Masse cremig geworden ist.

Tipp: Anstelle von frischen Thymianspitzen können Sie auch Zitronenthymian oder unbehandelte Lavendelblüten verwenden.

Grundrezept

Soja-Quitten-Eis

3 Messlöffel pflanzliches Bindemittel (3 g, z. B. Bindobin, erhältlich im Bio-Laden oder Reformhaus) | 500 ml (½ l) Sojadrink (ungesüßt, erhältlich im Bio-Laden oder Reformhaus) | ½ Vanilleschote | 200 g Quittengelee | 1 Zimtstange

Einfach | Etwa 4 Portionen

Zubereitungszeit: 15 Minuten, ohne Abkühlzeit

Gefrierzeit: etwa 4 Stunden | **Gefrierzeit:** Eismaschine etwa 45 Minuten

Pro Portion: E: 4 g, F: 2 g, Kh: 35 g, kJ: 746, kcal: 178, BE: 3,0

1. Bindemittel in einen Topf geben, Sojadrink unter Rühren hinzugeben.

2. Vanilleschote längs aufschneiden, und das Mark mit einem Messerrücken herauskratzen. Quittengelee, Zimtstange, Vanillemark und -schote zum Sojadrink geben, gut verrühren und unter Rühren aufkochen. Die Zutaten etwa 10 Minuten bei schwacher Hitze kochen lassen. Den Topf von der Kochstelle nehmen. Sojadrink-Masse abkühlen lassen. Zimtstange und Vanilleschote entfernen.

3. Die Masse in eine vorbereitete Eismaschine geben und in etwa 45 Minuten zu einem cremigen Eis gefrieren lassen. Das Eis in den Gefrierschrank stellen.

4. Das Eis etwa 30 Minuten vor dem Servieren in den Kühlschrank stellen und antauen lassen.

Tipps: Wenn Sie kein Quittengelee bekommen, können Sie auch Apfel- oder Johannisbeergelee verwenden. Sojadrink können Sie durch ungesüßten Reisdrink ersetzen. Die Eismasse in eine gefrierfeste Schale geben, zugedeckt in den Gefrierschrank stellen und etwa 4 Stunden gefrieren lassen. Dabei die Masse alle 30 Minuten umrühren. Statt Bindobin können Sie auch Johannisbrotkernmehl verwenden.

Variante: **Hagebutten-Soja-Eis**
(etwa 4 Portionen)

Dafür 3 Messlöffel pflanzliches Bindemittel (3 g, z. B. Bindobin) in einen Topf geben. 500 ml (½ l) Sojadrink unter Rühren hinzugeben. 200 g Hagebuttenkonfitüre unterrühren und unter Rühren etwa 10 Minuten bei schwacher Hitze kochen lassen. Die Sojadrink-Masse abkühlen und wie im Grundrezept beschrieben in der Eismaschine oder in dem Gefrierschrank gefrieren lassen.

Tipp: 70 g Cashewkerne hacken, in einer Pfanne ohne Fett rösten und kurz vor Ende der Gefrierzeit unter die Eismasse heben.

Für Gäste | Etwa 4 Portionen

Zubereitungszeit: 20 Minuten, ohne Abkühlzeit
Gefrierzeit: etwa 4 Stunden | **Gefrierzeit:** Eismaschine etwa 35 Minuten
Pro Portion: E: 7 g, F: 17 g, Kh: 42 g, kJ: 1491, kcal: 356, BE: 3,5

1. Traubenzucker mit Bindemittel, Rohrzucker und Kakao in einem Topf verrühren. Nach und nach den Mandeldrink hinzugießen und unter Rühren aufkochen. Den Topf von der Kochstelle nehmen. Die Kakaomasse erkalten lassen.

2. Die Kakaomasse in einer vorbereiteten Eismaschine in etwa 35 Minuten zu einem cremigen Eis gefrieren lassen.

3. In der Zwischenzeit für den Krokant Mandeln in einer Pfanne ohne Fett unter Rühren goldbraun rösten, herausnehmen und auf einen Teller geben. Den Rohrzucker in die Pfanne geben und schmelzen lassen. Die Pfanne von der Kochstelle nehmen. Geröstete Mandeln und Traubenzucker in die Pfanne geben und unter den Karamell rühren. Den Mandelkrokant sofort auf ein Stück Backpapier geben und erkalten lassen.

4. Wenn das Eis die gewünschte Konsistenz hat, drei Viertel des Mandelkrokants im Zerkleinerer oder mit einem Messer sehr fein hacken und unterrühren. Das Mandel-Kakao-Eis bis zum Verzehr in den Gefrierschrank stellen.

5. Zum Garnieren Himbeeren verlesen. Von dem Eis mit einem Kugelausstecher Kugeln abstechen. Das Eis mit den Himbeeren und restlichem, zerkleinerten Krokant anrichten.

Tipps: Das Eis etwa 30 Minuten vor dem Verzehr aus dem Gefrierschrank nehmen. Sie können die Kakaomasse auch in eine gefrierfeste Form füllen und zugedeckt in dem Gefrierschrank etwa 4 Stunden gefrieren lassen. Dabei die Kakaomasse alle 30 Minuten umrühren. Statt Bindobin können Sie auch Johannisbrotkernmehl verwenden.

30 g Traubenzucker | 3 Messlöffel pflanzliches Bindemittel (3 g, z. B. Bindobin, erhältlich im Bio-Laden oder Reformhaus) | 30 g brauner Rohrzucker | 30 g gesiebtes Kakaopulver | 500 ml (½ l) Mandeldrink (Zubereitung aus Mandeln, mit Agavensirup gesüßt, erhältlich im Bioladen oder Reformhaus)

Für den Mandelkrokant: 100 g gehackte Mandeln | 40 g brauner Rohrzucker | 20 g Traubenzucker

Zum Garnieren: 250 g frische Himbeeren

Grundrezept Mandel-Kakao-Eis (laktosefrei)

Variante: **Mandel-Bananen-Eis mit Ingwer** (laktosefrei, etwa 4 Portionen)

Dafür 4 Messlöffel (4 g) pflanzliches Bindemittel mit 20 g braunem Rohrzucker in einer Schüssel mischen. 250 ml (¼ l) ungesüßten Mandeldrink unterrühren. 15–20 g kandierten Ingwer klein hacken. 3 reife Bananen (etwa 370 g) schälen und klein schneiden. Bananenstücke mit Ingwer und 250 ml (¼ l) ungesüßtem Mandeldrink in einen Rührbecher geben und mit einem Stabmixer fein pürieren. Angerührten Mandeldrink unterrühren. Die Masse zugedeckt etwa 15 Minuten kalt stellen. Die Bananen-Mandeldrink-Masse in eine vorbereitete Eismaschine geben und in etwa 35 Minuten zu einem cremigen Eis gefrieren lassen. Das Eis bis zum Verzehr in den Gefrierschrank stellen. Oder die Bananen-Mandeldrink-Masse in eine gefrierfeste Form füllen und zugedeckt im Gefrierschrank etwa 4 Stunden gefrieren lassen. Dabei die Bananen-Mandel-Masse alle 30 Minuten umrühren.

Etwas Besonderes | Etwa 4 Portionen

Zubereitungszeit: 15 Minuten, ohne Abkühlzeit
Gefrierzeit: etwa 3 Stunden | **Gefrierzeit:** Eismaschine etwa 40 Minuten
Pro Portion: E: 1 g, F: 0 g, Kh: 31 g, kJ: 570, kcal: 136, BE: 2,5

1. Wasser und Zucker in einem Topf zum Kochen bringen. Den Topf von der Kochstelle nehmen. Den Zuckersirup abkühlen lassen.

2. Erdbeeren putzen, waschen, abtropfen lassen, entstielen und in Stücke schneiden (ergibt 450 g). Erdbeerstücke und den abgekühlten Zuckersirup in einen hohen Rührbecher geben und mit dem Stabmixer pürieren. Erdbeerpüree mit Zitronensaft abschmecken.

3. Erdbeerpüree in eine flache, gefrierfeste Schale füllen und zugedeckt in den Gefrierschrank stellen. Erdbeerpüree etwa 3 Stunden gefrieren lassen. Die Masse alle 30 Minuten umrühren.

4. Die gefrorene Sorbetmasse eventuell mit dem Stabmixer pürieren oder mit dem Handrührgerät mit Rührbesen kurz durchrühren.

Tipps: Das Sorbet zusätzlich mit etwas Orangenlikör oder rotem Portwein abschmecken.
Sie können das Erdbeerpüree auch in einer vorbereiteten Eismaschine in etwa 40 Minuten gefrieren lassen.

Variante: **Himbeer-Sorbet** (laktosefrei, etwa 4 Portionen)

Dafür 100 ml Wasser und 100 g Zucker in einem Topf zum Kochen bringen. Den Topf von der Kochstelle nehmen. Den Zuckersirup abkühlen lassen. 450 g TK-Himbeeren antauen lassen. Himbeeren mit dem Zuckersirup in einen hohen Rührbecher geben und mit einem Stabmixer pürieren. Himbeerpüree durch ein Sieb streichen. Himbeerpüree in eine flache, gefrierfeste Schale füllen und zugedeckt in den Gefrierschrank stellen. Himbeerpüree etwa 2 ½ Stunden gefrieren lassen. Dabei die Masse alle 30 Minuten umrühren. Die gefrorene Sorbetmasse eventuell mit dem Stabmixer pürieren oder mit dem Handrührgerät mit Rührbesen kurz durchrühren. Oder das Himbeerpüree in einer vorbereiteten Eismaschine in etwa 30 Minuten gefrieren lassen.

Tipp: Die Himbeermasse etwa 2 Stunden gefrieren lassen, dann in einen Spritzbeutel mit großer Sterntülle füllen. Die Masse in 4–6 Gläser spritzen und mit etwas Sekt oder trockenem Weißwein auffüllen.

Grundrezept Sorbet –
Erdbeer-Sorbet/ Himbeer-Sorbet (laktosefrei)

100 ml Wasser | 100 g Zucker | 500 g Erdbeeren | 1–2 TL Zitronensaft

Orangen-Campari-Sorbet (laktosefrei)

60 ml Wasser | 60 g Zucker | 500 ml (½ l) frisch gepresster Orangensaft (von etwa 5 Orangen) | 40 ml Campari

Zum Garnieren: 2 Bio-Orangen (unbehandelt, ungewachst)

Mit Alkohol | Etwa 6 Portionen

Zubereitungszeit: 20 Minuten, ohne Abkühlzeit
Gefrierzeit: 4–5 Stunden
Pro Portion: E: 1 g, F: 0 g, Kh: 27 g, kJ: 552, kcal: 132, BE: 2,0

1. Wasser mit Zucker in einem Topf zum Kochen bringen und etwa 1 Minute kochen lassen. Zuckerlösung erkalten lassen.

2. Die Zuckerlösung mit Orangensaft und Campari verrühren, in eine gefrierfeste Schüssel füllen. Die Schüssel zudecken und in den Gefrierschrank stellen. Die Sorbetmasse 4–5 Stunden gefrieren lassen. Dabei das Sorbet alle 30 Minuten mit einem Schneebesen kräftig durchschlagen.

3. Zum Garnieren Orangen heiß abwaschen und abtrocknen. Von den Orangen dünne Schalenstreifen abschälen, sodass Spiralen entstehen. Anschließend die Orangen so schälen, dass die weiße Haut mitentfernt wird. Orangen mit einem scharfen Messer filetieren.

4. Orangen-Campari-Sorbet in Gläsern anrichten und mit den Orangenfilets garniert servieren. Die Glasränder mit den Orangenschalenspiralen garnieren.

Daiquiri-Sorbet (laktosefrei)

250 ml (¼ l) Wasser | 150 g Zucker | 150 ml gesiebter Limettensaft | 100 ml weißer Rum

Zum Garnieren: 1 Bio-Limette (unbehandelt, ungewachst)

Mit Alkohol | 4–6 Portionen

Zubereitungszeit: 15 Minuten, ohne Abkühlzeit
Gefrierzeit: etwa 5 Stunden
Pro Portion: E: 0 g, F: 0 g, Kh: 31 g, kJ: 751, kcal: 180, BE: 2,5

1. Wasser mit Zucker in einem Topf zum Kochen bringen und etwa 1 Minute kochen lassen. Den Topf von der Kochstelle nehmen. Zuckerlösung erkalten lassen.

2. Zuckerlösung mit Limettensaft und Rum verrühren, in eine gefrierfeste Schüssel füllen. Die Schüssel zudecken und in den Gefrierschrank stellen. Die Sorbetmasse etwa 5 Stunden gefrieren lassen. Dabei das Sorbet alle 30 Minuten mit einem Schneebesen gut durchrühren.

3. Zum Garnieren Limette heiß abwaschen und abtrocknen. Limette in dünne Scheiben schneiden. Daiquiri-Sorbet in Gläser füllen und mit Limettenscheiben garnieren.

Avocado-Limetten-Sorbet (laktosefrei)

1 Bio-Limette (unbehandelt, ungewachst) |
1 Limette | 100 g Zucker | 200 ml Orangensaft |
2 reife Avocados (z. B. Hass-Avocados, je 200 g)

Etwas Besonderes | Etwa 4 Portionen

Zubereitungszeit: 20 Minuten, ohne Abkühlzeit

Gefrierzeit: etwa 4 Stunden | **Gefrierzeit:** Eismaschine etwa 40 Minuten

Pro Portion: E: 2 g, F: 18 g, Kh: 30 g, kJ: 1202, kcal: 288, BE: 2,5

1. Die Bio-Limette heiß abwaschen und abtrocknen. Die Limettenschale mit einem Sparschäler möglichst dünn abschälen. Beide Limetten halbieren, den Saft auspressen und 50 ml abmessen.

2. Limettenschale, -saft, Zucker und Orangensaft in einem Topf verrühren, zum Kochen bringen und etwa 5 Minuten bei schwacher Hitze kochen lassen. Den Zitrussirup durch ein Sieb in ein Gefäß gießen und abkühlen lassen. Ergibt 250 ml (¼ l) Zitrussirup.

3. Die Avocados halbieren und die Steine herauslösen. Das Fruchtfleisch mit einem Löffel aus den Schalen lösen und klein schneiden.

4. Avocadostücke und den abgekühlten Zitrussirup in einen Rührbecher geben und mit einem Stabmixer zu einer glatten, glänzenden Masse pürieren.

5. Die Sorbetmasse in eine gefrierfeste Schüssel füllen und zugedeckt in den Gefrierschrank stellen. Sorbet etwa 4 Stunden gefrieren lassen. Dabei das Sorbet alle 30 Minuten umrühren.

Tipp: Noch cremiger wird das Sorbet, wenn Sie die Sorbetmasse in einer vorbereiteten Eismaschine in etwa 40 Minuten gefrieren lassen.

Titelrezept **Cassis-Sorbet**
(laktosefrei, etwa 4 Portionen)

Für das Sorbet je 150 g rote und schwarze Johannisbeeren abspülen, abtropfen lassen und entstielen. Beeren mit 100 g Zucker in einem Elektromixer oder mit dem Stabmixer pürieren. Mit etwa 2 cl Crème de cassis (Johannisbeerlikör) abschmecken. Johannisbeerpüree durch ein Sieb streichen, in einen gefrierfesten Behälter füllen und zugedeckt im Gefrierschrank mindestens 3 Stunden gefrieren lassen. Sorbet etwa 15 Minuten vor dem Servieren im Kühlschrank antauen lassen, in einen Spritzbeutel mit großer Sterntülle füllen und in 4 Gläser spritzen. Das Sorbet mit abgespülten und trocken getupften Johannisbeerrispen garnieren.

Tipp: Das Püree etwa 2 Stunden gefrieren lassen. Dann mit Handrührgerät mit Rührbesen kurz durchrühren. Das halb gefrorene Sorbet mit einem Eisportionierer in Gläser geben und mit etwas Sekt auffüllen.

1 Blatt weiße Gelatine | 500 ml (½ l) Cola | 100 g abgetropfte Lychees (aus der Dose) | 1–2 TL Zitronensaft | 1 TL Traubenzucker

Außerdem: 12 Mini-Eisformen | 12 Eisstiele (Holzstiele)

(1)

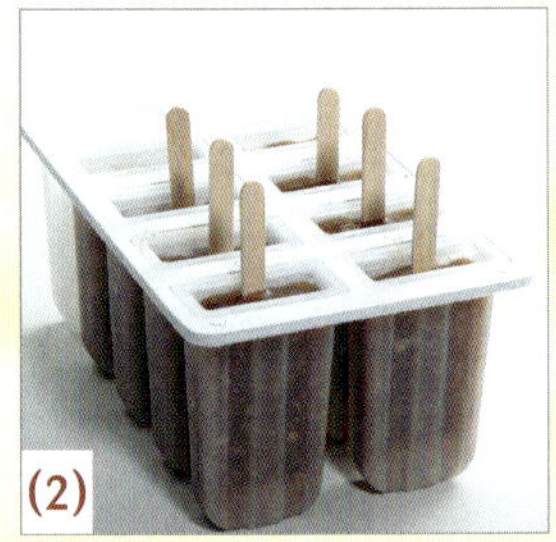
(2)

Für Kinder | 12 kleine Portionen

Zubereitungszeit: 15 Minuten, ohne Abkühlzeit
Gefrierzeit: 4–5 Stunden | **Gefrierzeit:** Eismaschine etwa 45 Minuten
Pro Portion: E: 2 g, F: 0 g, Kh: 7 g, kJ: 150, kcal: 36, BE: 0,5

1. Gelatine in kaltem Wasser nach Packungsanleitung einweichen.

2. Cola in einem weiten Topf zum Kochen bringen und etwa 10 Minuten bei mittlerer Hitze auf etwa 350 ml Flüssigkeit einkochen lassen. Die Gelatine ausdrücken und in der heißen Flüssigkeit unter Rühren auflösen. Die Cola-Gelatine-Mischung erkalten lassen.

3. In der Zwischenzeit Lychees auf Küchenpapier legen und trocken tupfen. Lychees sehr fein hacken und mit der entstandenen Flüssigkeit zur Cola-Gelatine-Mischung geben. Mit Zitronensaft und Traubenzucker abschmecken.

4. Die Cola-Lychee-Mischung in 12 Mini-Eisformen (je etwa 35 ml Inhalt) füllen **(1)**. Die Eisformen in den Gefrierschrank stellen. Cola-Lychee-Eis etwa 2 Stunden gefrieren lassen. Anschließend in jede Form einen Holzstiel stecken **(2)**. Cola-Lychee-Eis weitere 2–3 Stunden gefrieren lassen.

5. Die Eisformen kurz in heißes Wasser tauchen und das Eis herausziehen.

Variante: Limo-Kiwi-Eis
(12 kleine Portionen).

Die Cola durch Zitronen-Limonade ersetzen. Eingeweichte Gelatine in der heißen Limonade unter Rühren auflösen. Anstelle der Lychees 1–2 reife Kiwis schälen. 100 g Fruchtfleisch abwiegen, sehr fein hacken und unter die eingekochte Limonade rühren. Die Mischung wie beschrieben mit Zitronensaft und Traubenzucker abschmecken und gefrieren lassen.

Tipps: Für dieses Eis können Sie auch andere Limonaden oder Fruchtnektare verwenden. Das Einkochen und die Zugabe von Früchten geben zusätzlich Geschmack. Wenn Sie Eis aus Fruchtsäften zubereiten möchten, geben Sie mehr Traubenzucker oder auch Honig hinzu. Sie können die Cola-Lychee-Mischung auch in einer vorbereiteten Eismaschine in etwa 45 Minuten gefrieren lassen.

Grundrezept Wasser-Eis – Cola-Lychee-Eis

Grundrezept Sirup-Eis – Waldmeister-Zitronen-Eis (laktosefrei)

(1)

(2)

2 Blatt weiße Gelatine | 1 Bio-Zitrone (unbehandelt, ungewachst) | 170 ml Waldmeister-Sirup | 230 ml Wasser

Außerdem: Backpapier für 6 kleine Papiertüten | 6 Eisstiele (Holzstiele) oder Trinkhalme

Für Kinder | 6 kleine Portionen

Zubereitungszeit: 15 Minuten, ohne Abkühlzeit
Gefrierzeit: 4–5 Stunden | **Gefrierzeit:** Eismaschine etwa 30 Minuten
Pro Portion: E: 1 g, F: 0 g, Kh: 20 g, kJ: 362, kcal: 87, BE: 1,5

1. Gelatine in kaltem Wasser nach Packungsanleitung einweichen. Die Zitrone heiß abwaschen, abtrocknen und die Hälfte der Schale dünn abreiben. Die Zitrone halbieren und den Saft auspressen.

2. Gelatine tropfnass in einem kleinen Topf unter Rühren erwärmen (nicht kochen), bis sie völlig gelöst ist. Sirup unterrühren.

3. Gelatine-Sirup-Mischung mit Zitronenschale, 2–3 Esslöffeln Zitronensaft und Wasser verrühren. Den Sirup mit Zitronensaft abschmecken, in eine flache, gefrierfeste Form füllen und zugedeckt in den Gefrierschrank stellen. Die Sirupflüssigkeit etwa 2 Stunden gefrieren lassen. Dabei die Masse alle 30 Minuten mit einem Schneebesen umrühren. Oder die Masse in einer Eismaschine in etwa 30 Minuten gefrieren lassen.

4. Aus Backpapier 6 kleine Tüten formen (1). Die Tüten in Gläser stellen. Die angefrorene Eismasse umrühren und in die Tüten füllen (2). Die Tüten in einer gefrierfesten Form wieder in den Gefrierschrank stellen. Das Sirup-Eis weitere 2–3 Stunden gefrieren lassen.

5. Nach etwa 1 Stunde Gefrierzeit in jedes Tütchen einen Holzstiel oder zwei kleine, stabile Trinkhalme stecken.

Variante: **Holunder-Eis mit Kirschnektar** (laktosefrei, 6 kleine Portionen)

Dafür aus 2 Blatt weißer Gelatine, 1 Bio-Zitrone (unbehandelt, ungewachst), 170 ml Holunderblüten-Sirup, 130 ml Wasser und 100 ml Sauerkirsch-Nektar ein Eis, wie im Grundrezept beschrieben, zubereiten. Die Sirupflüssigkeit zuerst etwa 2 Stunden gefrieren lassen. Dann wie unter Punkt 4–5 beschrieben Eistüten formen und diese mit der Eismasse füllen. Weitere 2–3 Stunden gefrieren lassen.

Pfefferminz-Granita

2–3 Stängel frische Pfefferminze | 500 ml (½ l) Wasser | 90 g Zucker | 1 EL flüssiger Honig, z. B. Lindenblütenhonig | 60 g Schoko-Minz-Täfelchen

Zum Garnieren: 1–2 Stängel frische Pfefferminze

Für Gäste | 4–6 Portionen

Zubereitungszeit: 30 Minuten, ohne Abkühlzeit
Gefrierzeit: 4–5 Stunden
Pro Portion: E: 0 g, F: 2 g, Kh: 30 g, kJ: 565, kcal: 135, BE: 2,5

1. Pfefferminzstängel abspülen und abtropfen lassen. Wasser mit Zucker in einem Topf verrühren, zum Kochen bringen und einmal kurz aufkochen lassen. Den Topf von der Kochstelle nehmen. Die Pfefferminzstängel etwa 2 Minuten in die Zuckerlösung legen.

2. Anschließend die Stängel wieder herausnehmen. Honig unter die Pfefferminz-Zucker-Lösung rühren und erkalten lassen.

3. Die erkaltete Pfefferminz-Zucker-Lösung in eine gefrierfeste Schüssel füllen, zudecken und in den Gefrierschrank stellen. Die Masse 4–5 Stunden gefrieren lassen. Dabei die Masse alle 30 Minuten kräftig durchrühren.

4. Die Schoko-Minz-Täfelchen etwa 30 Minuten in den Gefrierschrank legen und ebenfalls gefrieren lassen. Schoko-Minz-Täfelchen herausnehmen, in kleine Stücke schneiden und unter die Pfefferminz-Granita rühren.

5. Zum Garnieren Pfefferminzstängel abspülen und trocken tupfen. Die Blättchen von den Stängeln zupfen. Pfefferminz-Granita nach Belieben in Gläser füllen und mit Pfefferminzblättchen garniert servieren.

Johannisbeer-Granita (laktosefrei)

500 g rote Johannisbeeren | 100 ml Wasser | Mark vom ½ Vanilleschote | 5 EL flüssiger Honig | 400 ml Marsala (ital. Likörwein)

vorbereitete Minzeblättchen

Für Gäste – mit Alkohol | 4 Portionen

Zubereitungszeit: 35 Minuten
Gefrierzeit: etwa 4 Stunden
Pro Portion: E: 1 g, F: 0 g, Kh: 30 g, kJ: 920, kcal: 219, BE: 2,5

1. Johannisbeeren verlesen, waschen, abtropfen lassen (einige Rispen zum Garnieren beiseitelegen). Die Beeren von den Rispen abstreifen.

2. Johannisbeeren mit Wasser und Vanillemark in einem Topf zum Kochen bringen, etwa 10 Minuten bei schwacher Hitze kochen lassen. Johannisbeeren durch ein Sieb streichen und dabei den Saft auffangen.

3. Den aufgefangenen Johannisbeersaft mit Honig verrühren und durch ein Mulltuch oder Geschirrtuch geben, um den Saft zu klären. Johannisbeersaft in eine flache, gefrierfeste Schale geben und zugedeckt in den Gefrierschrank stellen. Den Saft etwa 4 Stunden gefrieren lassen.

4. Wenn die Granita fest geworden ist, mit einem Löffel in Flocken abschaben oder in einem Eiscrasher zerkleinern. Granita in vier Gläser geben und mit kaltem Marsala auffüllen.

5. Johannisbeer-Granita mit den beiseitegelegten Johannisbeeren und Minzeblättchen garnieren.

Grand-Marnier-Parfait

3 Eier (Größe M) | 100 g Zucker | 1 Pck. Dr. Oetker Bourbon-Vanille-Zucker | 60 ml Grand Marnier (Orangenlikör) | 500 g Schlagsahne | 50 g Zucker

etwa 100 g dünne Schokotäfelchen, z. B. Zartbitter, Vollmilch, Mokka

Mit Alkohol | 6–8 Portionen

Zubereitungszeit: 30 Minuten, ohne Abkühlzeit
Gefrierzeit: 4–5 Stunden | **Gefrierzeit:** Eismaschine etwa 40 Minuten
Pro Portion: E: 6 g, F: 30 g, Kh: 34 g, kJ: 1871, kcal: 447, BE: 3,0

1. Eier mit Zucker und Vanille-Zucker in einem Topf unter ständigem Rühren mit einem Schneebesen bei mittlerer Hitze zu einer dicklich-cremigen Masse aufschlagen. Die Masse darf nicht kochen, da die Eier sonst gerinnen.

2. Den Topf von der Kochstelle nehmen und sofort in eiskaltes Wasser stellen. Die Masse unter Rühren erkalten lassen. Grand Marnier unterrühren. Sahne mit Zucker steif schlagen und unterheben.

3. Eine flache, gefrierfeste Dose (etwa 30 x 20 cm) mit Frischhaltefolie auslegen. Die Parfaitmasse in die Dose füllen. Die Dose mit dem Deckel verschließen und in den Gefrierschrank stellen. Die Parfaitmasse 4–5 Stunden gefrieren lassen.

4. Das Parfait vorsichtig aus der Dose auf eine Platte stürzen oder mit der Frischhaltfolie aus der Dose heben. Frischhaltefolie entfernen. Das Parfait mit Schokotäfelchen belegen und in Größe der Schokotäfelchen in Stücke schneiden. Die Stücke umdrehen und mit je einem weiteren Schokotäfelchen belegen.

Hinweis: Nur ganz frische Eier verwenden, die nicht älter als 5 Tage sind (Legedatum beachten).

Tipp: Sie können die Parfaitmasse auch in einer vorbereiteten Eismaschine in etwa 40 Minuten gefrieren lassen.

Beeren-Parfait

2 Eigelb (Größe M) | 75 g Zucker | 1 Pck. Dr. Oetker Bourbon-Vanille-Zucker | 300 g gemischte Beeren, z. B. Johannisbeeren, Himbeeren, Heidelbeeren | 250 g Schlagsahne | 2 EL Himbeergeist

Für die Erdbeersauce: 200 g Erdbeeren | 15 g Zucker | 1 EL Erdbeerkonfitüre

Mit Alkohol | Etwa 4 Portionen

Zubereitungszeit: 30 Minuten, ohne Abkühlzeit
Gefrierzeit: etwa 4 Stunden
Pro Portion: E: 4 g, F: 23 g, Kh: 39 g, kJ: 1691, kcal: 404, BE: 3,0

1. Eigelb mit Zucker und Vanille-Zucker in einer Edelstahlschüssel verschlagen. Dann die Schüssel in ein heißes Wasserbad (85–90 °C) stellen. Die Eigelbmasse mit einem Schneebesen zu einer dicklich-cremigen Masse aufschlagen.

2. Die Schüssel aus dem heißen Wasserbad nehmen und sofort in eiskaltes Wasser stellen. Die Eigelbmasse unter Rühren erkalten lassen.

3. Beeren verlesen, einige Beeren zum Garnieren beiseitelegen. Restliche Beeren abspülen, gut abtropfen lassen und entstielen. Sahne steif schlagen, mit den Beeren und dem Himbeergeist unter die Eigelbmasse rühren.

4. Die Eismasse in eine längliche, gefrierfeste Form (mit Frischhaltefolie ausgelegt, etwa 1 l Inhalt) füllen. Die Form zudecken und in den Gefrierschrank stellen. Die Parfaitmasse etwa 4 Stunden gefrieren lassen.

5. Für die Sauce Erdbeeren waschen, gut abtropfen lassen und entstielen. Etwa 4 Erdbeeren vierteln. Restliche Erdbeeren mit dem Zucker und der Konfitüre pürieren.

6. Beiseitegelegte Beeren abspülen und trocken tupfen. Das Parfait aus der Form auf eine Platte stürzen. Frischhaltefolie entfernen. Parfait in Scheiben schneiden. Mit Erdbeervierteln, -sauce und Beeren servieren.

Hinweis: Nur ganz frische Eigelb verwenden, die nicht älter als 5 Tage sind (Legedatum beachten).

Zimt-Parfait

3 Eigelb (Größe M) | 75 g Zucker | 1 geh. TL gemahlener Zimt | 3 EL Weinbrand |
3 Eiweiß (Größe M) | 1 EL Zucker | 250 g Crème double

Raffiniert – mit Alkohol | 4–6 Portionen

Zubereitungszeit: 25 Minuten
Gefrierzeit: etwa 4 Stunden
Gefrierzeit: Eismaschine etwa 40 Minuten
Pro Portion: E: 5 g, F: 25 g, Kh: 20 g, kJ: 1439, kcal: 347, BE: 1,5

1. Eigelb und Zucker mit Handrührgerät mit Rührbesen cremig schlagen. Zimt und Weinbrand unterrühren.

2. Eiweiß steif schlagen. Den Zucker unter Schlagen hinzugeben. Nacheinander Eischnee und Crème double vorsichtig unter die Eigelbcreme heben.

3. Die Parfaitmasse in eine gefrierfeste Form füllen und zugedeckt in den Gefrierschrank stellen. Die Masse mindestens 4 Stunden gefrieren lassen.

4. Die Eisform etwa 10 Minuten vor dem Verzehr aus dem Gefrierschrank nehmen und kurz in heißes Wasser tauchen. Zimt-Parfait auf eine Platte stürzen und in Scheiben schneiden.

Variante: **Walnuss-Zimt-Parfait**
(4–6 Portionen)

Dafür 70 g Walnusskerne klein hacken. 30 g Zucker und 2 Esslöffel Wasser in einem Topf karamellisieren. Walnusskerne unterheben. Krokant auf Backpapier geben, erkalten lassen. Aus 3 Eigelb (Größe M), 75 g Zucker, 1 gehäuften Teelöffel gemahlenem Zimt, 2–3 Esslöffeln braunem Rum, 3 Eiweiß (Größe M), 1 Esslöffel Zucker und 250 g Crème double eine Parfaitmasse wie im Rezept beschrieben zubereiten. Krokant zerkleinern, unter die Parfaitmasse heben. Die Masse wie beschrieben in eine gefrierfeste Form füllen, in den Gefrierschrank stellen, zugedeckt etwa 4 Stunden gefrieren lassen.

Tipp: Die doppelte Menge Krokant zubereiten. Parfaitmasse in einer vorbereiteten Eismaschine in etwa 40 Minuten gefrieren lassen. Parfait mit der Hälfte des Krokants garnieren.

Hinweis: Nur ganz frische Eier verwenden, die nicht älter als 5 Tage sind (Legedatum beachten).

Mango-Lassi-Eisdrink und Sorbet

1 reife Mango (etwa 300 g Fruchtfleisch) | 70 g gesiebter Puderzucker | Saft von 1 Limette | 500 g Joghurt (3,5 % Fett)

Zum Garnieren: 1 reife Mango | einige Zitronenmelisseblätter | Trinkhalme

Etwas Besonderes | Etwa 4 Portionen

Zubereitungszeit: 20 Minuten
Gefrierzeit: bis zu 5 Stunden | **Gefrierzeit:** Eismaschine 40–50 Minuten
Pro Portion: E: 5 g, F: 5 g, Kh: 41 g, kJ: 1008, kcal: 241, BE: 3,5

1. Die Mango halbieren und den Stein herauslösen. Mangohälften schälen und etwa 300 g Fruchtfleisch abwiegen. Fruchtfleisch in kleine Würfel schneiden.

2. Mangowürfel mit Puderzucker und Limettensaft in einem hohen Rührbecher fein pürieren. Joghurt unterrühren. Die Mango-Joghurt-Masse in eine gefrierfeste Schüssel füllen. Die Schüssel zugedeckt in den Gefrierschrank stellen. Mango-Joghurt-Masse 2–5 Stunden gefrieren lassen.

3. Die Mango-Joghurt-Masse alle 30 Minuten mit einem Schneebesen kräftig durchrühren. Nach etwa 2 Stunden kann die Masse als Eisdrink, nach etwa 4 Stunden als Sorbet und nach etwa 5 Stunden als Eiskugeln portioniert serviert werden.

4. Zum Garnieren Mango halbieren und den Stein herauslösen. Mangohälften schälen und in Spalten schneiden. Zitronenmelisseblätter abspülen und trocken tupfen. Sorbet mit den Mangospalten und Zitronenmelisseblättern garniert servieren. Den Eisdrink mit Trinkhalmen servieren.

Tipp: Sie können die Mango-Joghurt-Masse auch in einer vorbereiteten Eismaschine in 40–50 Minuten gefrieren lassen.

Eiskaffee

500 ml (½ l) Milch | 50 g gemahlener Kaffee | evtl. Zucker | 500 ml (½ l) Vanilleeis

250 g Schlagsahne | 20 g Schokoladenstreusel

Klassisch | 2–4 Portionen

Zubereitungszeit: 10 Minuten, ohne Zieh- und Abkühlzeit
Pro Portion: E: 11 g, F: 43 g, Kh: 35 g, kJ: 2392, kcal: 572, BE: 3,0

1. Milch in einem Topf zum Kochen bringen. Gemahlenen Kaffee in eine Kanne geben. Die kochende Milch hinzugießen. Den Kaffee zugedeckt etwa 30 Minuten ziehen lassen.

2. Die Kaffeemilch durch ein Sieb in einen Krug oder Topf gießen. Den Kaffee evtl. mit Zucker abschmecken und erkalten lassen.

3. Vanilleeis in Würfel schneiden und in 2–4 Gläser geben. Den Kaffee in den Gläsern verteilen.

4. Sahne steif schlagen und in einen Spritzbeutel mit Sterntülle füllen. Den Eiskaffee damit verzieren und mit Schokoladenstreuseln bestreut servieren.

Eisschokolade

100 g Vollmilch-Schokolade | 125 ml (⅛ l) Wasser | 500 ml (½ l) Milch |
125 g Schlagsahne | 500 ml (½ l) Vanilleeis

125 g Schlagsahne | evtl. Vollmilch-Raspelschokolade

Klassisch – für Kinder | Etwa 4 Portionen

Zubereitungszeit: 15 Minuten, ohne Kühlzeit
Pro Portion: E: 10 g, F: 39 g, Kh: 36 g, kJ: 2248, kcal: 537, BE: 3,0

1. Die Schokolade in kleine Stücke brechen, mit Wasser in einem kleinen Topf unter ständigem Rühren so lange erhitzen, bis die Schokolade vollständig geschmolzen ist.

2. Nach und nach Milch und Sahne hinzugießen, unter Rühren erhitzen, aber nicht kochen lassen. Den Topf von der Kochstelle nehmen. Schokoladen-Sahne-Milch abkühlen lassen und dann in den Kühlschrank stellen.

3. Vanilleeis in Würfel schneiden und in 4 Gläser geben. Die Schokoladen-Sahne-Milch in den Gläsern verteilen.

4. Sahne steif schlagen und in einen Spritzbeutel mit Sterntülle füllen. Jeweils einen Sahnetuff auf die Eisschokolade spritzen. Nach Belieben mit Raspelschokolade bestreuen.

Holunder-Apfel-Smoothie (laktosefrei)

700 g Apfelmus (aus dem Glas) | 50 ml Holunderblüten-Sirup (erhältlich im Bioladen oder Getränkehandel) | 300 ml Apfelsaft

evtl. einige Holunderblüten oder essbare Blüten

Fruchtig | Etwa 4 Portionen

Zubereitungszeit: 10 Minuten, ohne Abkühlzeit
Gefrierzeit: 2 Stunden | **Gefrierzeit:** Eismaschine etwa 35 Minuten
Pro Portion: E: 0 g, F: 0 g, Kh: 47 g, kJ: 838, kcal: 200, BE: 4,0

1. Apfelmus mit Sirup und Apfelsaft verrühren, in eine flache, gefrierfeste Form geben und zugedeckt in den Gefrierschrank stellen. Die Masse etwa 2 Stunden gefrieren lassen. Dabei die Masse alle 30 Minuten umrühren. Oder die Apfelmusmasse in einer vorbereiteten Eismaschine in etwa 35 Minuten gefrieren lassen.

2. Die Apfelmusmasse mit einem Stabmixer pürieren.

3. Smoothie in 4 Longdrinkgläser füllen. Nach Belieben, wenn möglich, mit unbehandelten Holunderblüten oder anderen essbaren Blüten (vorsichtig abgespült und trocken getupft) garnieren.

Café Frappé

600 ml frisch gekochter, starker Kaffee | 180 g Zucker | 6 Eiswürfel | 100 g Schlagsahne

Trinkhalme

Für Gäste | 2–4 Portionen

Zubereitungszeit: 10 Minuten, ohne Abkühlzeit

Pro Portion: E: 1 g, F: 11 g, Kh: 62 g, kJ: 1448, kcal: 346, BE: 5,0

1. Den heißen Kaffee mit Zucker verrühren und erkalten lassen.

2. Den Kaffee mit den Eiswürfeln und der Sahne in einem Elektromixer kräftig durchmixen, sodass der Kaffee schäumt.

3. Café Frappé sofort in 2–4 Gläser füllen und mit Trinkhalmen servieren.

Tipp: Nach Belieben können Sie den Café Frappé mit einem Kaffee-, Schokoladen- oder Sahnelikör verfeinern.

Mit Alkohol – etwas Besonderes | Etwa 8 Portionen

Zubereitungszeit: 40 Minuten, ohne Kühlzeit
Gefrierzeit: etwa 5 Stunden
Pro Portion: E: 7 g, F: 30 g, Kh: 27 g, kJ: 1783, kcal: 426, BE: 2,5

1. Schokolade in Stücke brechen, klein hacken und in eine Rührschüssel geben.

2. Eier, Eigelb, Zucker und Traubenzucker mit Handrührgerät mit Rührbesen in etwa 5 Minuten schaumig aufschlagen.

3. Milch in einem Topf zum Kochen bringen. Den Topf von der Kochstelle nehmen. Die Milch nach und nach unter den Eierschaum rühren und zurück in den Topf geben. Die Eiermilch mit einem Schneebesen bei mittlerer Hitze cremig aufschlagen. Die Masse darf nicht kochen, da die Eier-Milch-Masse sonst gerinnt.

4. Den Topf wieder von der Kochstelle nehmen. 500 ml (½ l) der heißen Eier-Milch-Masse auf die gehackte Schokolade in die Rührschüssel geben. Den Topf mit der restlichen heißen Eier-Milch-Masse sofort in ein kaltes Wasserbad stellen. So lange schlagen, bis die Masse kalt ist.

5. Schokoladen-Eier-Masse mit einem Schneebesen glatt rühren und abkühlen lassen. Dabei gelegentlich mit einem Löffel umrühren.

6. Eine gefrierfeste Kastenform (25 x 11 cm) mit Backpapier oder einem aufgeschnittenen Gefrierbeutel auslegen.

7. Sahne mit Vanille-Zucker steif schlagen. Ein Drittel der Sahne unter die Schokoladen-Eier-Masse heben. Die Masse in die Kastenform geben und glatt streichen. Die Form zugedeckt in den Gefrierschrank stellen. Die Schokoladen-Eier-Masse etwa 30 Minuten gefrieren lassen, bis die Oberfläche fest ist.

8. Restliche steif geschlagene Sahne unter die Eier-Milch-Masse heben. Die Masse halbieren. Unter eine Hälfte den Whisky-Likör rühren, auf die Schokoladen-Eis-Schicht geben und glatt streichen. Die Form wieder zugedeckt in den Gefrierschrank stellen. Die Whisky-Likör-Masse etwa 30 Minuten gefrieren lassen, bis die Oberfläche fest ist.

9. Die schokolierten Espressobohnen hacken. Espressopulver auf die restliche Eier-Milch-Masse streuen und unterheben. Gehackte Espressobohnen ebenfalls unterheben. Die Espressomasse als letzte Schicht in die Form füllen und glatt streichen. Mit Backpapier oder dem aufgeschnittenen Gefrierbeutel zudecken. Die Form wieder in den Gefrierschrank stellen. Das Schichteis mindestens 4 Stunden gefrieren lassen.

10. Das Schichteis etwa 30 Minuten vor dem Verzehr in den Kühlschrank stellen. Das Schichteis auf ein Schneidbrett oder eine Platte stürzen und in Scheiben schneiden.

Tipp: Statt Whisky-Likör können Sie auch Kaffeelikör verwenden.

Hinweis: Nur ganz frische Eier verwenden, die nicht älter als 5 Tage sind (Legedatum beachten).

Schokoladen-Kaffee-Cassata

100 g Zartbitter-Schokolade | 3 Eier (Größe M) | 2 Eigelb (Größe M) | 50 g Zucker | 50 g Traubenzucker | 250 ml (¼ l) Milch | 500 g Schlagsahne | ½ Pck. Dr. Oetker Bourbon-Vanille-Zucker | 5 EL Whisky-Likör | 40 g schokolierte Espressobohnen (Zartbitter) | 2–3 TL Instant-Espressopulver

Weihnachtsstollen-Eis

4 Eier (Größe M) | 120 g Zucker | 3 Pck. Dr. Oetker Vanillin-Zucker | 100 g Früchte-Mix (gewürfelte kandierte Früchte) | 80 g Sultaninen | 40 ml Weinbrand | 1 TL Lebkuchengewürz | 500 g Schlagsahne | 150 g runde Lebkuchen

Mit Alkohol | Etwa 8 Portionen

Zubereitungszeit: 30 Minuten, ohne Abkühlzeit
Gefrierzeit: etwa 6 Stunden
Pro Portion: E: 7 g, F: 26 g, Kh: 47 g, kJ: 1916, kcal: 458, BE: 4,0

1. Eier mit Zucker und Vanillin-Zucker in einem Topf unter ständigem Rühren mit einem Schneebesen bei mittlerer Hitze zu einer dicklich-cremigen Masse aufschlagen. Die Masse darf dabei nicht kochen.

2. Den Topf von der Kochstelle nehmen und sofort in eiskaltes Wasser stellen. Die Masse unter Rühren erkalten lassen. Früchte-Mix evtl. etwas kleiner schneiden, mit Sultaninen und Weinbrand unter die Eiermasse rühren. Lebkuchengewürz unterrühren.

3. Sahne steif schlagen und unterheben. Eine gefrierfeste Stollenform oder eine längliche Form mit Frischhaltefolie auslegen (1). Die Eismasse hineingeben und mit Lebkuchen belegen (2). Die Form zugedeckt in den Gefrierschrank stellen. Die Eismasse etwa 6 Stunden gefrieren lassen.

4. Zum Servieren das Eis aus der Form stürzen und die Frischhaltefolie entfernen. Das Eis mit einem elektrischen Messer oder einem Sägemesser in Scheiben schneiden.

Tipp: Das Weihnachtsstollen-Eis mit Sahnetupfen und Schokoladenlocken garnieren.

Hinweis: Nur ganz frische Eier verwenden, die nicht älter als 5 Tage sind (Legedatum beachten).

(1)

(2)

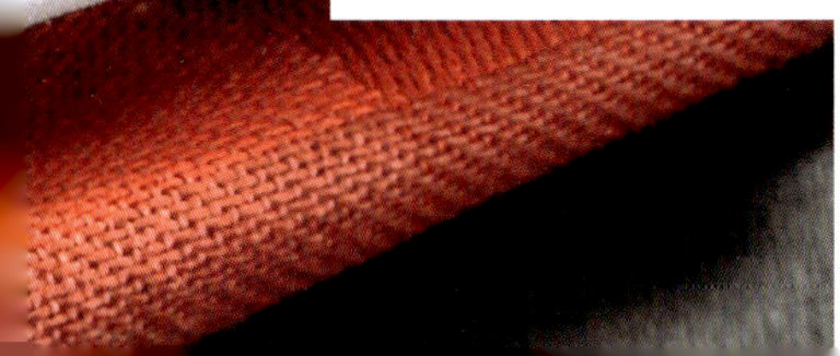

Eis-Gugelhupf

Für Gäste – mit Alkohol | Etwa 8 Portionen

Zubereitungszeit: 40 Minuten, ohne Durchzieh- und Kühlzeit

Gefrierzeit: etwa 5 Stunden

Pro Portion: E: 4 g, F: 19 g, Kh: 36 g, kJ: 1458, kcal: 348, BE: 3,0

1. Getrocknete Früchte und Orangeat hacken, mit dem Likör in einer Schale mischen und zugedeckt mindestens 2 Stunden durchziehen lassen.

2. Eiweiß mit Salz steif schlagen. Wasser mit Zucker und Traubenzucker in einem Topf unter Rühren aufkochen lassen, bis sich der Zucker gelöst hat. Die kochend heiße Zuckerlösung in einem dünnen Strahl zum Eischnee geben, dabei den Eischnee weiter schlagen, bis er glänzt. Die Eischnee-Masse abkühlen lassen, dabei immer wieder mit dem Schneebesen durchschlagen.

3. Die Vanilleschote längs aufschneiden und das Mark mit einem Messerrücken herauskratzen. Vanillemark, Mascarpone und Schlagsahne in einen Rührbecher geben und mit Handrührgerät mit Rührbesen steif schlagen. Nacheinander die eingeweichten Früchte und Raspelschokolade unterrühren. Eischnee-Masse unterheben.

4. Die Masse in eine gefrierfeste Gugelhupfform (Ø 20–22 cm) füllen. Die Form mehrfach auf die Arbeitsfläche stoßen, damit Luftblasen entweichen können. Die Form zugedeckt in den Gefrierschrank stellen. Die Masse etwa 5 Stunden gefrieren lassen.

5. Die Form kurz in heißes Wasser tauchen oder mit einem heißen Tuch belegen. Das Eis aus der Form auf eine Platte stürzen und in Stücke schneiden.

Tipps: Die gemischten, getrockneten Früchte können Sie bereits als fertige Mischung kaufen. Sie sind manchmal auch als Snack deklariert.
Anstelle von Zitronen- oder Orangenlikör können Sie auch Kirschwasser, Himbeer- oder Birnengeist verwenden. Das Eis kann kurz vor dem Verzehr aus dem Gefrierfach genommen werden. Es muss nicht antauen.

Hinweis: Nur ganz frische Eiweiß verwenden, die nicht älter als 5 Tage sind (Legedatum beachten).

100 g gemischte, getrocknete Früchte (entsteint, z. B. Cranberries, Physalis, Kirschen) | 50 g Orangeat | 3–4 EL Zitronen- oder Orangenlikör | 4 frische Eiweiß (Größe M) | 1 Prise Salz | 75 ml Wasser | 100 g Zucker | 40 g Traubenzucker | ½ Vanilleschote | 250 g Mascarpone (ital. Frischkäse) | 100 g Schlagsahne | 50 g Zartbitter-Raspelschokolade

Für die Mandelböden: 2 Eiweiß (Größe M) | 1 EL Zitronensaft | 250 g abgezogene, gemahlene Mandeln | 160 g gesiebter Puderzucker

Für die Füllung: 3 Eier (Größe M) | 120 g Zucker | 1 Pck. Dr. Oetker Bourbon-Vanille-Zucker | 75 ml Espresso | 60 ml Kaffeelikör | 500 g Schlagsahne | 20 g Zucker | 20 ml Kaffeelikör

Zum Garnieren: 100 g Schokoraspel oder -locken

Eistorte mit Mandelböden

Mit Alkohol | Etwa 12 Stück

Zubereitungszeit: 60 Minuten, ohne Abkühlzeit | **Backzeit:** etwa 15 Minuten je Boden
Gefrierzeit: etwa 6 Stunden
Pro Stück: E: 8 g, F: 28 g, Kh: 34 g, kJ: 1805, kcal: 431, BE: 3,0

1. Den Backofen vorheizen.
Ober-/Unterhitze: etwa 160 °C
Heißluft: etwa 140 °C

2. Für die Böden Eiweiß mit Zitronensaft sehr steif schlagen. Die Mandeln mit Puderzucker verrühren, Eischnee unterheben.

3. Einen Tortenring (Ø 24 cm) auf ein Backblech (gefettet, mit Backpapier belegt) stellen. Den Mandelteig dritteln. Etwa ein Drittel des Mandelteiges in den Tortenring geben und mit einem Löffelrücken zu einem Boden verstreichen. Aus dem restlichen Teig zwei weitere Böden vorbereiten.

4. Die Backbleche nacheinander (bei Heißluft zusammen) in den vorgeheizten Backofen schieben. Die Mandelböden etwa 15 Minuten je Boden backen.

5. Die Mandelböden mit dem Backpapier von den Backblechen auf Kuchenroste ziehen. Mandelböden erkalten lassen. Das Backpapier vorsichtig abziehen.

6. Für die Füllung Eier mit Zucker, Vanille-Zucker und Espresso in einem Topf unter ständigem Rühren mit einem Schneebesen bei mittlerer Hitze zu einer dicklich-cremigen Masse aufschlagen. Die Masse darf dabei nicht kochen.

7. Den Topf von der Kochstelle nehmen und sofort in eiskaltes Wasser stellen. Die Masse unter Rühren erkalten lassen. Kaffeelikör unter die Eiermasse rühren. Sahne mit Zucker steif schlagen und ebenfalls unterrühren.

8. Einen Mandelboden in eine gefrierfeste Springform (Ø 26 cm, mit Backpapier belegt) legen und mit Kaffeelikör beträufeln. Etwa ein Drittel der Eismasse daraufstreichen. Einen weiteren Mandelboden darauflegen, wieder mit Kaffeelikör beträufeln und mit der Hälfte der restlichen Eismasse bestreichen. Den dritten Mandelboden darauflegen und mit dem restlichen Kaffeelikör beträufeln. Restliche Eismasse darauf verteilen. Die Form zugedeckt in den Gefrierschrank stellen. Die Eistorte etwa 6 Stunden gefrieren lassen.

9. Die Form aus dem Gefrierschrank nehmen. Ein heißes Geschirrtuch um den Rand der Form legen. Die Eistorte aus der Form lösen und auf eine Tortenplatte setzen. Die Tortenoberfläche mit Schokoraspeln oder -locken garnieren.

Hinweis: Nur ganz frische Eier verwenden, die nicht älter als 5 Tage sind (Legedatum beachten).

Kleine Waffeleis-Becher
Frischkäse-Eis

3 Eier (Größe M) | 120 g Zucker | 2 Pck. Dr. Oetker Vanillin-Zucker | Saft von 1 Zitrone | 200 g fettreduzierter Frischkäse (20 % Fett) | 500 g Schlagsahne

etwa 20 Waffelbecher

Für Gäste | 6–8 Portionen

Zubereitungszeit: 30 Minuten, ohne Abkühlzeit
Gefrierzeit: 2–3 Stunden | **Gefrierzeit:** Eismaschine etwa 40 Minuten
Pro Portion: E: 11 g, F: 42 g, Kh: 49 g, kJ: 2593, kcal: 620, BE: 4,0

1. Eier mit Zucker, Vanillin-Zucker und Zitronensaft in einem Topf unter ständigem Rühren mit einem Schneebesen bei mittlerer Hitze zu einer dicklich-cremigen Masse aufschlagen. Die Masse darf dabei nicht kochen.

2. Den Topf von der Kochstelle nehmen, sofort in eiskaltes Wasser stellen. Die Masse unter Rühren erkalten lassen. Den Frischkäse unterrühren.

3. Sahne steif schlagen, unter die Frischkäsemasse rühren. Eismasse mit einem Teelöffel in die Waffelbecher füllen.

4. Die gefüllten Becher in eine gefrierfeste Dose stellen, mit einem Deckel verschließen und in den Gefrierschrank stellen. Eis 2–3 Stunden gefrieren lassen. Oder die Eismasse vor dem Befüllen der Waffelbecher etwa 40 Minuten in einer vorbereiteten Eismaschine gefrieren lassen.

Hinweis: Nur ganz frische Eier verwenden, die nicht älter als 5 Tage sind (Legedatum beachten).

Halb gefrorene Himbeer-Sahne-Creme

450 g Himbeeren (frisch oder TK) | 100 g Zucker | 200 g Schlagsahne | 12 kleine Waffelbecher | gehackte Pistazienkerne

Für Kinder – raffiniert | 6 Portionen

Zubereitungszeit: 15 Minuten
Gefrierzeit: etwa 40 Minuten
Pro Portion: E: 6 g, F: 26 g, Kh: 52 g, kJ: 1971, kcal: 471, BE: 4,5

1. Frische Himbeeren verlesen. Himbeeren auf einem Tablett verteilen, in den Gefrierschrank stellen und etwa 40 Minuten anfrieren lassen. TK-Himbeeren etwa 15 Minuten antauen lassen.

2. Sahne steif schlagen. Vorbereitete Himbeeren und Zucker im Mixaufsatz der Küchenmaschine oder mit dem Stabmixer pürieren. Sahne untermengen.

3. Die halb gefrorene Himbeer-Sahne-Creme in Waffelbecher füllen. Mit gehackten Pistazienkernen bestreuen und sofort servieren.

Tipp: Halb gefrorene Himbeer-Sahne-Creme mit Schokosauce servieren.

Eis-Sandwich

1 Eigelb (Größe M) | 20 g brauner Rohrzucker | 1 Prise Salz | 50 ml Milch | 100 g Schlagsahne | 30 g Zartbitter-Raspelschokolade | 8 Doppelkekse mit Schokofüllung (Ø etwa 6 cm) | 70 g Erdbeer- oder Mangofruchtaufstrich

(1) (2)

Für Kinder | 8 Portionen

Zubereitungszeit: 30 Minuten, ohne Abkühlzeit
Gefrierzeit: 2 Stunden 30 Minuten
Pro Portion: E: 3 g, F: 11 g, Kh: 24 g, kJ: 861, kcal: 206, BE: 2,0

1. Eigelb, Rohrzucker, Salz und Milch in einem Topf mit einem Schneebesen bei schwacher Hitze zu einer schaumigen Masse aufschlagen (nicht kochen, da das Eigelb sonst gerinnt).

2. Den Topf von der Kochstelle nehmen und in ein kaltes Wasserbad stellen. Die Masse unter Rühren abkühlen lassen.

3. Sahne steif schlagen und mit der Raspelschokolade unter die Masse heben. Eismasse in eine flache, gefrierfeste Form füllen und zugedeckt in den Gefrierschrank stellen. Die Masse etwa 2 ½ Stunden gefrieren lassen.

4. Die Doppelkekse waagerecht halbieren. Dafür die lange, dünne Klinge eines Messers in kochend heißes Wasser tauchen. Die Klinge mit Küchenpapier trocken reiben. Den Doppelkeks flach hinlegen und vorsichtig mit dem Messer in zwei einzelne Kekse trennen (1). Die Schokoladenfüllung gleichmäßig auf beiden Kekshälften verteilen. Zum Halbieren der restlichen Kekse, die Messerklinge immer wieder in kochend heißes Wasser tauchen.

5. Eis auf 8 Kekshälften verteilen und im Gefrierschrank kurz anfrieren lassen.

6. Die Kekshälften aus dem Gefrierschrank nehmen. Je einen Teelöffel Fruchtaufstrich auf die Eismasse streichen. Mit je einer Kekshälfte (Schokoladenseite nach unten) belegen, sodass ein Sandwich entsteht. Eis-Sandwich sofort servieren.

Tipps: Um die Eismasse gleichmäßig auf die Kekse zu streichen, einen Ring oder eine runde Ausstechform (Ø 5–6 cm) auf die Kekse legen (2). Die Eismasse einfüllen und den Ring oder die Form wieder abziehen. Die aufgestrichene Eismasse auf den Keksen kurz anfrieren lassen.

Hinweis: Nur ganz frisches Eigelb verwenden, das nicht älter als 5 Tage ist (Legedatum beachten).

Variante: Statt der Doppelkekse Butterkekse oder dünne Orangenkekse verwenden. Damit sie nicht so schnell durchweichen, können Sie die Kekse mit einer dünnen Schicht geschmolzener Schokolade oder einfach mit etwas Butter bestreichen. Bestrichene Kekse kurz kalt stellen, dann das Eis daraufgeben.

Pflaumen-Parfait
in der Waffel

(1)

(2)

Für Gäste | Etwa 8 Portionen

Zubereitungszeit: 30 Minuten, ohne Abkühlzeit
Gefrierzeit: etwa 4 Stunden
Pro Portion: E: 7 g, F: 21 g, Kh: 44 g, kJ: 1657, kcal: 396, BE: 3,5

1. Gelatine in kaltem Wasser nach Packungsanleitung einweichen. Eier mit Buttermilch und Zucker in einem Topf unter ständigem Rühren mit einem Schneebesen bei mittlerer Hitze zu einer dicklich-cremigen Masse aufschlagen (die Masse darf nicht kochen).

2. Den Topf von der Kochstelle nehmen und sofort in eiskaltes Wasser stellen. Eingeweichte Gelatine ausdrücken und in der Eier-Buttermilch-Masse unter Rühren auflösen. Die Masse unter Rühren erkalten lassen.

3. Pflaumen waschen und abtrocknen. Etwa 4 Pflaumen zum Garnieren beiseitelegen. Restliche Pflaumen halbieren, entsteinen und klein schneiden. Pflaumenstücke mit Zucker, Zimt und Vanille-Zucker pürieren. Pflaumenmus unterrühren.

4. Sahne sehr steif schlagen. Nacheinander die Pflaumenmasse und Sahne unter die Eier-Buttermilch-Masse rühren. Die Masse etwa 2 cm hoch in eine flache, gefrierfeste Dose füllen. Die Dose mit dem Deckel verschließen und in den Gefrierschrank stellen. Das Parfait etwa 4 Stunden gefrieren lassen.

5. Die Dose kurz in heißes Wasser halten und den Deckel entfernen. Das Eis auf eine Platte stürzen. 8 Eisscheiben in Größe der Waffelblätter ausschneiden. Die Eisscheiben jeweils zwischen 2 Waffelblätter legen.

6. Beiseitegelegte Pflaumen halbieren, entsteinen und in Spalten schneiden. Pflaumen-Parfait in der Waffel mit den Pflaumenspalten garnieren und servieren.

Tipp: Die Eismasse in kleinen runden Förmchen gefrieren lassen **(1)** und zum Servieren auf kleine Biskuit-Tarteletts stürzen **(2)**.

Hinweis: Nur ganz frische Eier verwenden, die nicht älter als 5 Tage sind (Legedatum beachten).

3 Blatt weiße Gelatine | 4 Eier (Größe M) | 250 ml (¼ l) Buttermilch | 90 g Zucker | 400 g Pflaumen | 70 g Zucker | ¼ TL gemahlener Zimt | 1 Pck. Dr. Oetker Bourbon-Vanille-Zucker | 3 EL Pflaumenmus | 400 g Schlagsahne

etwa 16 ovale, belgische Waffelblätter

Kirschwasser-Rosen

50 g weiße Schokolade | 1 Eigelb (Größe M) | 50 ml Milch | etwas rote Speisefarbe | 100 g Schlagsahne | 2–3 TL Kirschwasser

1–2 Baisers (etwa 25 g, Fertigprodukt)

Außerdem: 1 Silikonform (15 Mini-Rosen, je 20 ml Inhalt)

Mit Alkohol | 15 Rosen

Zubereitungszeit: 20 Minuten, ohne Abkühlzeit
Gefrierzeit: etwa 2 Stunden
Pro Portion: E: 1 g, F: 4 g, Kh: 4 g, kJ: 227, kcal: 54, BE: 0,5

1. Schokolade klein hacken, mit Eigelb und Milch in einem Topf mit einem Schneebesen bei schwacher Hitze zu einer glatten, etwas schaumigen Masse verrühren. Die Masse darf nicht kochen, da das Eigelb sonst gerinnt.

2. Den Topf von der Kochstelle nehmen und in ein kaltes Wasserbad stellen. Die Schokoladenmasse unter Rühren abkühlen lassen. Etwas Speisefarbe unterrühren.

3. Sahne steif schlagen und unterheben. Mit Kirschwasser abschmecken. Die Masse in eine gefrierfeste Silikonform (15 Mini-Rosen, je 20 ml Inhalt) füllen. Die Form mehrmals auf die Arbeitsfläche stoßen, sodass Luftblasen entweichen können. Die Form zugedeckt in den Gefrierschrank stellen. Die Eismasse mindestens 2 Stunden gefrieren lassen.

4. Baiser in einen Gefrierbeutel geben und mit den Händen zerbröseln.

5. Die Silikonform aus dem Gefrierschrank nehmen und auf die Arbeitsfläche stürzen. Ein heißes Tuch (Geschirrtuch) kurz auf die Oberfläche der Form legen. Kirschwasser-Rosen aus der Form lösen, auf den Baiserbröseln anrichten und sofort servieren.

Tipps: Für bunte Kirschwasser-Rosen die Eismasse zunächst ohne Speisefarbe zubereiten. Die Eismasse teilen, beliebig einfärben und gefrieren lassen. Für eine Variante ohne Alkohol können Sie das Kirschwasser z. B. durch einige Tropfen Rosenwasser oder Orangenblütenwasser ersetzen.

Hinweis: Nur ein ganz frisches Eigelb verwenden, das nicht älter als 5 Tage ist (Legedatum beachten).

Kapitelregister

Eis

Sorbet/Granité

Parfait

Drinks

Eisbomben/Eistorten

Eispralinen/Gebäck mit Eis

Alphabetisches Register

A/B

C

E/F/G

Abkürzungen

EL = Esslöffel
TL = Teelöffel
Msp. = Messerspitze
Pck. = Packung/Päckchen
g = Gramm
kg = Kilogramm
ml = Milliliter
l = Liter
evtl. = eventuell
geh. = gehäuft
gestr. = gestrichen
TK = Tiefkühlprodukt
°C = Grad Celsius
Ø = Durchmesser

Kalorien-/Nährwertangaben

E = Eiweiß
F = Fett
Kh = Kohlenhydrate
kcal = Kilokalorien
kJ = Kilojoule
BE = Broteinheiten

Allgemeine Hinweise zu den Rezepten

Lesen Sie bitte vor der Zubereitung – besser noch vor dem Einkauf – das Rezept einmal vollständig durch. Oft werden Arbeitsabläufe oder -zusammenhänge dann klarer. In jedem Rezept ist die Anzahl der Portionen angegeben.

Zutatenliste

Die Zutaten sind in der Reihenfolge ihrer Verarbeitung aufgeführt.

Arbeitsschritte

Die Arbeitsschritte sind einzeln hervorgehoben, in der Reihenfolge, in der sie von uns ausprobiert wurden.

Zubereitungszeiten

Die Zubereitungszeit ist ein Anhaltswert für die Zeit der Vorbereitung und die eigentliche Zubereitung. Längere Wartezeiten wie z. B. Auftauzeiten sind nicht mit einbezogen.

Für Fragen, Vorschläge oder Anregungen steht Ihnen der Verbraucherservice der Dr. Oetker Versuchsküche Telefon: 0 08 00 71 72 73 74 Mo.–Fr. 8:00–18:00 Uhr, Sa. 9:00–15:00 Uhr (gebührenfrei in Deutschland)
oder die Mitarbeiter des Dr. Oetker Verlages
Telefon: +49 (0) 521 5206 50 Mo.–Fr. 9:00–15:00 Uhr zur Verfügung.
Schreiben Sie uns:
Dr. Oetker Verlag KG, Am Bach 11, 33602 Bielefeld
oder besuchen Sie uns im Internet unter www.oetker.de oder www.oetker-verlag.de.

Umwelthinweis Dieses Buch und der Einband wurden auf chlorfrei gebleichtem Papier gedruckt. Die Einschrumpffolie – zum Schutz vor Verschmutzung – ist aus umweltfreundlichem und recyclingfähigem PE-Material.

Redaktion Carola Reich, Annette Riesenberg

Titelfoto Thomas Diercks, Hamburg
Innenfotos Fotostudio Diercks, Hamburg (S. 4, 6, 8, 12, 14, 16, 18, 20, 24, 27, 28, 32, 35, 36, 40, 43, 47, 51, 54, 56, 60)
Ulli Hartmann, Halle/Westf. (S. 55)
Antje Plewinski, Berlin (S. 44)
Axel Struwe, Bielefeld (S. 10, 22, 23, 30, 38, 48, 52, 59)

Rezeptentwicklung und -beratung Anke Rabeler, Berlin

Foodstyling Maik Schacht, Hamburg

Nährwertberechnungen Nutri Service, Hennef

Grafisches Konzept kontur:design, Bielefeld
Titelgestaltung kontur:design, Bielefeld

Reproduktionen MOHN Media • Mohndruck GmbH, Gütersloh
Satz JUNFERMANN Druck & Service, Paderborn
Druck und Bindung Druckerei Himmer, Augsburg

ISBN 978-3-7670-0814-4